Musikverlag Cranz

Johann Strauß

Der Zigeunerbaron

Großes Potpourri für gemischten Chor (Soli ad lib.)
und Klavier

nach der gleichnamigen Operette
von Ignaz Schnitzer

zusammengestellt und bearbeitet von
Willi Trapp

Klavierpartitur

CRZ 50145-10
ISMN M-2040-0466-9

DER ZIGEUNERBARON

Großes Potpourri aus der gleichnamigen Operette von Ignaz Schnitzer

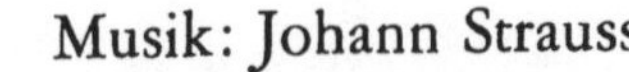

her den Hut, zieh mit un - sern Scha - ren, daß dein Sä - bel Wun-der tut, ha, der Feind soll es er-
fah - ren!
Hier der Cza-ko, her den Hut, zieh mit un - sern Scha - ren, daß dein Sä-bel
Wun-der tut, ha, der Feind soll es er - fah - ren. Schlagt ein, schlagt ein!

② DU KANNST DEM ZIGEUNER GETROST VERTRAU'N

rit.
a tempo
heim - ge - kehrt. Wir ha - ben ihn wie - der und nun her - an um Treu ihm zu schwö - ren,
heim - ge - kehrt.
rit.
a tempo
rit.
Ruhig
Treu ihm zu schwö - ren Mann für Mann !
Ruhig
rit.
mf

③ SO VOLL FRÖHLICHKEIT, Walzer

und Ge - sang und Tanz uns in Lust, ja, im Ju - bel die Näch-te ver -
gehn, wo die Re - be blüht und heiß die Lie - be glüht und al - le Men-schen das
Le - ben ver - stehn.
etwas langsamer
f
mf

4 DAS WÄR KEIN RECHTER SCHIFFERKNECHT

Moderato

5 O HABET ACHT
Andante con moto (𝅗𝅥 = 1)
Sopran-Solo ad lib. (Chor summt)
O ha-bet acht, ha-bet acht vor den Kin-dern
Ha-bet acht, ha-bet acht vor den Kin-dern, den
Andante con moto (𝅗𝅥 = 1)
der Nacht! Wo von Zi-geu-nern ihr nur hört,
Kin-dern der Nacht, der Nacht! Wo von Zi-geu-nern ihr nur hört, nur hört, wo ihr nur

wo Zi - geu - ne - rin - - nen sind.
hört, wo Zi - geu -ne- rin - nen sind, wo Zi - geu-ne - rin - nen - sind.
sind, ja sind.
poco più moto
Mann gib acht auf dein Pferd! Weib gib
poco più moto
acht, auf dein Kind! Dsching-rah, Dsching - rah,

Chor:
Dsching - rah, Dsching - rah, die Zi -
Allegro moderato
geu - ner sind da, Dsching-rah, Dsching - rah, die Zi - geu - ner sind da, Dsching-rah,
Allegro moderato
Dsching-rah,
die Zi -
Lento
Lento

Allegro
Allegretto
geu - ner sind da, Dschingrah!
mf
Wir
Allegro
Allegretto
ff
mf
6 WIR ALLE WOLLEN LUSTIG SEIN
al - le wol - len lu - stig sein beim vol - len Gla - se Wein, beim Feu - er - wein, so hell und
klar! Wie liebt ihn der Hu - sar, hei! Und wo der Wein nach
Lust ge - deiht, da sind zu je - der Zeit auch al - le Mä - del wun - der - bar, ach!

Wie liebt sie der Hu - sar, hei!
Du brau - ne Klei - ne, zier dich nicht, das
ff
Küs - sen ist Hu - sa - ren-pflicht; dein Bursch und du, ihr seid ein schmuk-kes Paar, hei!
Die Lieb ist wie der Wein so süß, der Kuß, der ist es
rit.
Stets sol - len
ganz ge - wiß, komm her, das ver - steht der Hu - sar!
rit.

a tempo
Lie - be nur und Wein des — Le - bens Wür - ze
a tempo
sein, ja! Und bei - de süß und klar und wahr,
*) Ja!
so, liebt sie der Hu - sar, Ja! Stets sol-len Lie - be
*) SOLO oder einige Sopranstimmen singen kleine Noten

ha
ja!
nur und Wein des Le - bens Wür - ze sein, ja!
ha
Und bei - de süß und klar und wahr. So liebt sie
Vi-
der Hu - sar!
Vi-

(7) WER UNS GETRAUT

Sopran
Ster-nen-gold, mit Ster-nen-gold, so weit ihr schaut, be - sät. —
Und mild sang die Nach-ti-gall ihr
pp
Lied-chen in — die Nacht: — Die Lie - be, die Lie - be ist ei - ne Him-mels-macht! —
Chor
p
Ja,
p
(-de)
mild sang die Nach-ti-gall ihr Liedchen in die Nacht: — Die Lie - be, die Lie - be ist ei-ne Him-mels-macht! —
(-de)

-de
8 SCHATZWALZER
Walzertempo
Ha! Seht, es winkt, es blinkt, es
Walzertempo
klingt, ach, un - sern Blik - ken, welch ein Ent - zük - ken, seht hier das Gold, es
rollt so hold, laßt sei - nem Rau - schen fröh - lich uns lau - schen, da sich voll-

zo - gen was wir ge - wollt. Ha! Seht, es winkt, es blinkt, es
klingt, ach, un - sern Blik - ken, welch ein Ent- zük - ken, seht hier das Gold, es
rollt so hold, hier sind die Schät - ze, die wir ge - wollt.

p
p
Doch mehr als Gold und Geld
ist Lieb und Treu gesellt, da führt die höch - ste
Freu - de uns in die schön - ste Welt. Drum, wenn ein

Herz dir schlägt, das Treu - e wahrt und hegt,
sollst du die Stun - de prei - - sen, die dir's ent-
ge - gen - trägt.
f
p
mf
rit.

9 HIER IN DIESEM LAND

rit.
f
Klin - ge, — du mein trau-tes Lied, — das durch die See - le zieht! Ja!
a tempo
mf
Hier in die-sem Land eu - re Wie - ge stand. Ach, als Kind habt ihr — es nur ge-kannt,
poco rit.
a tempo
doch der Un-gar, so treu mit Herz und Hand ist es zu - nächst dem schö-nen Va - ter - land.

(10) JA, DAS SCHREIBEN UND DAS LESEN
Allegretto
mf
Bariton-Solo, ad lib.
Chor summt
Ja, das Schreiben und das Le - sen ist _ nie mein Fach ge - we - sen, denn schon von Kindes-
Allegretto
mf
bei - nen be - faßt ich mich mit Schwei - nen, auch _ war ich nie ein Dich - ter, Potz-donner-wet-ter Pa - ra-plui, nur
im-mer Schweine - züch - ter, po - e-tisch war ich nie.
Ja, ___ mein i - de -
f
p
a tempo
a - ler Le - bens -zweck ist Bor - sten-vieh, ist Schwei - ne-speck, mein i - de - a - ler Le-bens-zweck ist
a tempo

poco rit.
a tempo
Chor:
a tempo
Sein i-de- a-ler Le-bens-zweck ist
Bor-sten-vieh und Schwei-ne-speck, ist Bor-sten-vieh und Schweinespeck.
poco rit.
a tempo
a tempo
poco rit.
f
Bor - sten-vieh und Schwei-nespeck, sein i - de- a- ler Le - bens - zweck ist Bor-sten-vieh und Schwei-ne-speck, ist
poco rit.
a tempo
Bor-sten-vieh und Schwei-ne-speck!
a tempo
rit.

(11) JA, DAS ALLES AUF EHR'

al - les auf Ehr, das kann er und noch mehr,
al - les auf Ehr, ja das al - les, ja, das kann er und noch mehr, ja das kann er, denn
rit.
Breit
wenn man's kann un - ge - fähr, is nit schwer, is nit
wenn man's kann un - ge - fähr, un - ge - fähr, is nit schwer, is nit schwer, is nit schwer, is nit
rit.
Breit
Schnell
schwer!
ff
ff
schwer!
ff
ff
Schnell
ff
HR